AF200562

Jonas Ling

Liebeslieder

Poetry

Jonas Ling: Liebeslieder
Gestaltung: TOMULI
Copyright: Jonas Ling
www.jonasling.de

Herstellung und Verlag:
BoD- Books on Demand, Nordestedt
ISBN: 978-3-7504-0882-1

Die Liebeslieder sind Gesänge des Herzens. Sie erzählen von sinnlichen Freuden und Seelenarbeit, ekstatischer Lust und stillem Genuss. Vom Fest der Liebe, erotischen Abenteuern und der Suche nach sich selbst als liebendes Geschöpf.

Alle Sinne verlangen nach erotischer Identität.

Gong!

Mein Herz schlägt!

Meine Augen sehen!

Dein Duft

ein Augenschlag

jagt

den Himmel

in die Luft!

M i a u

Es gibt wieder Morgen, an denen
bin ich sofort hellwach und
geschmeidig,
schleiche in die Küche,
schlecke etwas Milchkaffee,
schaue mich um mit enormer Ruhe
und mache M i a u .

Meine liebe Katze.
Ruhst wieder in meinem Schoß.

Zerkratzt mir nicht mehr den Kopf
von Innen.

Willst keinem Vinyl mehr die Rillen
quer aufreißen.

Du suchst wieder hellwach
und begierig
nach neuen Spuren.

Ich zeichne sie auf.
Im Direct Cut. In Echtzeit.

Der Duft meiner Spuren ist wieder
authentisch.

Sie führen in den Dschungel.

Deine feine Nase will da hinein
und Spuren lesen.

Wir wollen mit den Dschungelwesen
leben.

Die uns beäugen, beschnuppern und
belauschen.

Deren Geister uns bewohnen.

Was für ein Glück!

Was für ein ganz großes Glück!

Adieu Almond

Mandelauge.

Ich will nach Hause.

*Dort stapeln sich die Kirschblüten
bis unters Dach und verfaulen.*

Ich werde Feuer legen müssen.

*Mit dem Ruß schwärze ich die
Tempeltüren.*

Außen.

Adieu Almond.

Nacht

Du trägst eine Maske aus Ebenholz
und leuchtendem Schweiß
für unsere Liebe.

Inniglich massieren wir uns in
unseren Löchern.

Den Porn im Kopf schalten wir ab.

Wir saugen uns.

Die virtuellen Verwirrungen
spucken wir in die obligatorischen
Hygienetücher.

Darauf stoßen wir an
und trinken die Nacht leer.

Es wird hell.

Du brichst ein Hörnchen
in der Mitte
und gibst mir die Hälfte.

Ich tunke die Bruchstelle
in den honigsüßen Kaffee.

Kuss.

Plötzlich beißt du mir in die Lippe.

Die dampfende Brühe schwappt über
und mäandert ins Bett.

Ich klebe am Honig.

Akt

Langsam, ziellos, zärtlich, Verspielt
schenkst du mir Bilder.

Ich sehe Dich mit geschlossenen
Augen.

Ich werde ruhiger und ruhiger mit
Dir.
Weicher als Wachs,
weicher als Wasser,
weicher als Öl,
weicher als irgendein
Stoff.

Und ich sage

Hier bin ich noch nie gewesen.

Millionen Kerne vibrieren
vor meinen Augen.

Du legst mir Deine Hand
auf meine Stirn.

Edelsteine fallen
in mein Gesicht
wie Schnee.

Blaue, grüne, goldene.

Und Silberstaub.

Eine Sonne öffnet sich.

Feuerrote Beeren quellen heraus.

Die Bilder zerfallen.

Du bist

kein Engel, der meinen Dämon
entmachtet,
kein Dämon, der mich als Engel
betrügt.

Erlesene Schönheit.

Shakti erschien

am ultramarinblauen Meer.

Sie schlenderte am Strand lang.
Am Abend verführte sie mich.
Ich massierte ihren Rücken.
Sie küsste mein Gesicht.

Nachts flatterte ich in ihr Zimmer
und sagte: Ich will mit dir nach Perlen
tauchen.

Wir liefen zum Strand.
Wir tauchten im Meer.
Die Wellen erschraken.

Shakti zerriss ihr Kleid,
schmiss Steine und schrie:

Das Feuer vernascht nicht das Holz
im Herz!

Wir rannten den Strand weg.

Shakti

tritt an meinen Tisch.

*Sie trägt ein himmlisches Kleid und
erklärt mir:*

*Sex ist das Tor zum grenzenlosen
Bewusstsein!*

*Wie stellst Du dir das vor, frage ich
und denke: Wow!*

Sie lässt sich nicht lange bitten.

*Wir rauschen hinab in die Tiefe,
zwei tintenblaue Fische
durchs große Meer.
Wir werden total leer!
Und den letzten Gedanken
denken wir
gemeinsam zu Ende!
Stoßen ihn,*

mit einem tiefen Seufzer,
ge-mein -sam aus!

Vollkommen synchron!

Damit ist die Verbindung mit dem
Universum hergestellt!
Und der Bund mit der Liebe
geschlossen!

Sie schaut erwartungsvoll.

Ohne sofortige Antwort habe ich
verloren.
Also improvisiere ich.
Wie immer.

Es fällt uns der Himmel ins Bett.

Die Gedanken haben wir gelöscht.
Das ist intimer.

Breit liegen wir da
und lächeln,
weil uns die Sterne kitzeln,

als sie uns das Neuste
aus dem Himmel
unter die Haut einritzen.
HEAVENLY NEWS
stehen dir im Gesicht geschrieben.

Lächelnd stellt sie ihre Tasche auf
den Tisch und sagt: Ich bleibe!

Wir entdecken unsere Schätze
und spielen damit entzückt Verstecken.

Doch dann, ganz plötzlich,
aus heiterem Himmel,
mitten im Garten,
bei Sonnenschein,
ist der Spaß vorbei.

Shakti schreit mich an:

Gib sie mir sofort wieder her!
Das sind meine Smaragde,
du hast sie mir gestohlen!

Ich? Wieso ich?
Gib du mir erst mal meine zurück!
Meine Diamanten!

Du Diebin!

Nein Du! Du zuerst!

Ich schicke sie Dir mit der Post.

Nein! Bring' sie mir persönlich
vorbei!

Kein Möglichkeit
sie hier und jetzt auszutauschen?
An der Grenze?

Ich höre, wie sie V e r s c h w i n d e !
denkt.

Sie baut sich vor mir auf wie eine
Revolverheldin
und spricht mit kerniger Stimme:

We are all blind stupid fishes.

Tintenfische! Oktopusse!
Du kannst hier verrotten!

Ich!

Gehe zurück!

Ins Meer!

Sie bläst die Backen auf,
macht Lippenfisch
und verlangt nach einem Springseil.

Ich habe keins!

Sie zaubert eins hervor.

Verschwinde!
Ich brauche Bewegung,
etwas Spaß!

Allein!

Sie wendet sich ab.

Ich soll also nicht zusehen,
wie sie alleine Spaß hat.

Ich wende mich auch ab,
auch ganz cool,
auch wie ein Revolverheld,
wie einer der gerade geschossen hat
und demonstrativ nicht

nach seinem Gegner schaut,
nicht wissen will,
ob der tot ist,
oder ob der versucht

mit zitternden Händen
das quellende Blut
wieder in seinen Leib
zurück zu schaufeln
oder - baff - dasteht und grinst,
weil ich nicht getroffen habe.

Ich wende mich auch ganz cool ab.

Es knallt.

Ich drehe mich um.

Kaugummifetzchen hängen um ihren
Mund rum.

Ich breche heulend zusammen.

Sie tritt an mich ran,
dreht mich auf den Bauch,
drückt meinen Kopf
zu Boden,
fesselt mir die Hände
auf den Rücken,
und setzt sich in den Sattel.

Sie wickelt sich das andere Ende vom
Seil
um den Hals,
reitet mich
und pfeift mir
‚Spiel mir das Lied vom Tod‘
ins Ohr.

Ich keuche.

Sie schneidet sich vom Strick ab,
tritt vor mich hin, lässt sich fallen,
spreizt die Beine und stöhnt.

Ich schaue hin.

Zufrieden?

Ich beiße ins Gras.

Sie lächelt, steht auf,
reicht mir die Hand,
zieht mich hoch,
saugt mir drei, vier, fünf Gräser
von den Lippen und dreht sich weg.

Sie geht rüber zum Haus.
Tapp, tapp, tapp,
mit Flipflops gegen die Sohlen.
Trommelnd zieht Shakti ins Haus ein.

Eine Sitar perlt.

Sie pinkelt bei geöffnetem Fenster.

Der Wind trägt mir ihre Klänge zu.

Ein letztes Lied des Engels:

Geh' endlich!

Doch ich bleibe versteinert im Garten stehen.

Der Himmel lächelt im Schatten.

Neuer Job als Skulptur.

Gar nicht so schlecht,
denke ich.
Dann können mir die Vögel auf den
Kopf kacken und mir wär's
egal.

Auf dem Baum sitzt ein Vogel und kackt.

Der kalkige Dreck platscht neben mir auf den Boden und setzt mich in Bewegung.

Unter meinen Füßen knirscht der Kies.

Ganzkörperorgasmus

Ich war hinter dem
Ganzkörperorgasmus her, der voll
sublimen Ekstase.

Mit

Muskelkontraktionen

Hanteltraining

Yogaübungen

Wechselbädern

hielt ich mich fit für den Verkehr.

Stundenlang rannte ich durch den
Wald und reinigte mein S y s t e m .

Doch dann verließ mich die Lust.
Sie sagte „Du bist ja eh nie da." und
zog einfach aus.

Daraufhin änderte ich das Programm.

Ich spürte in mich hinein und suchte bewusst den Kontakt zu meiner Lust.

Ich spürte ihr auch in den Körpern der anderen nach.

Abspritzen war out.

Es ging um Höheres.

Ich übte die geheimen chinesischen Praktiken, entdeckte, wie sich die sexuelle Energie in kleinen Freudebömbchen (Joy bombs) in höheren Zentren entlud und mir herzerweichende Sehnsuchtsgefühle nach dem Einen schenkte -

The One.

Beinahe hätte ich aufgegeben.

Doch das Leben gibt uns immer eine Chance.

Nie die gleiche.

Wir treffen uns.

Zufällig.

Es geht um das Eine.

Wir pflanzen uns ein in einander und treiben fort.

Sex ist

ein Bedeutungskiller.

Sex muss hinterfragt werden.

Sex ist nackte Zartheit.

Sex ist freie Liebe.

Sex macht gleichzeitig
einen trockenen und feuchten Mund.

Sex lässt die Nerven zwitschern wie
die Nachtigallen.

Sex füttert die Liebenden
mit genialen Körpersäften.

Sex ist, wenn's zuckt und blitzt.

Sex ist reine Energie.

Sex stöhnt und strömt und schwitzt.

Sex ist Monsun.

Sex ist, wenn das Universum groß aufspielt.

Sex ist Vollendung.

Sex ist die total körperliche Liebe,

volle Wucht.

Sex öffnet alle Sinne.

Sex berauscht und kann süchtig machen.

Sex kann benutzt werden für Ernste-Miene-Weisheiten,
leere Worte. Und als Glaubenssatz:

Sex befreit, beglückt, entzückt,

erleichtert, beseelt, stärkt und segnet:

Mein Dasein.

Die Entstörung der Liebe von falschen Signalen

Ich, die Konstruktion funktioniert nicht mehr.

Ich muss mich entstören.

Ich peile nichts mehr und habe nur noch Rauschen im Kopf. Jeder Versuch mich neu einzuregeln erzeugt kreischendes Feedback.

Ich kippe die Schlaftabletten ins Klo und trinke eine Kiste Wasser leer.

Ich dusche lange, heiß und kalt und mache meinen Nerven die Zügel los.

Ich prügele die Matratze, erwürge das Bettzeug und beiße den Kissen die Ohren ab.

Nach einigen durchwüteten Nächten

biete ich der kommenden Nacht
Gewaltfreie Kommunikation an.

Die Nacht kommt, lächelt sanft und
spricht:

Ins Jenseits zu fallen,
ins unbekannte Zauberland
zu entrinnen,
die Sinne runter zu dimmen
bis unterhalb
der Wahrnehmungsschwelle
steht nicht in meiner Macht.
Ich bin nicht der Schlaf,
ich bin nur die Nacht.

Empört springe ich auf und schreie
den Schlaf an:

Schlaf! Ich bin nicht dein Sklave!
I am not your slave!

Er hört überhaupt nicht zu.

Ich wache weitere Nächte über mich,
errege mich an kleinsten Impulsen.

Das Zucken im Augenlid schreckt
mich auf.

Die elektrischen Entladungen
im Kopf, ihre durchschlagene Wirkung,
begrüße ich als gutes Zeichen. Meine
Nerven entladen sich, sage ich mir. Ich
will von niemandem wissen, ob das
stimmt.

Meine Gedanken binden mich
an den Pfahl
in der Mitte meines Daseinsplatzes
und verlangen:

Sei Tigernahrung!

Sei ein zitternder Bock!

Ich gebe den Bock
und gebe mir selbst euphorisch Applaus
für die Rolle!

Nach den Vorstellungen belohne ich
mich mit süßem Tee.

Irgendwann habe ich keinen Bock
mehr.

Ich gehe zum Schlaf.

Er macht wieder einen auf
Medizinmann. Will mir Schlafmittel
andrehen,
unter anderem.

Ich lehne dankend ab.

Vor jedem Tempel stehen
Vertreter des Paradieses.
Und verlangen:
Eintritt.

Ich muss handeln.

Ich lade mein Herz auf
und nehme ihn mir vor:

Schlaf, mein Bruder:
Meine Nachtwachen sind okay.
Ich komme eine Zeitlang ohne dich aus.
Aber du kannst ohne mich nicht leben!
Denn ich schenke dir meine Träume!
Ohne sie wärst du Nichts!

Denn niemand wüsste etwas von Dir.
Von deinen Unterschlagungen,
deinem Versagen,
deinem Handeln mit bedenklicher
Medizin,
deiner Abwesenheit.
Dass Du dich aus dem Staub machst:
Ich vergebe dir!

Schlaf! Mein Bruder!

Ich liebe dich.
Mach die Tür auf und lass mich
umsonst rein!

Der König der Liebe

   stolziert
mit geöltem Haupt
in Richtung der Königin
durch die Gasse der Menschen.

   Mit Würde.
Maßvoll.
Mit großen Plänen.
Mit hohen Absichten.

   Er will ihr einen offiziellen Antrag
machen.

   Alle halten den Atem an.

   Die Luft steht.

   Was wird er vortragen?

   Die Spannung steigt.

   Alle hoffen das Beste.

*Des Königs Denken schwelgt in
königlichen Phantasien.*

*Ein Stein, klein wie eine Erbse,
spitz wie das Matterhorn.
Vor seinen Füßen!*

*Er sieht ihn nicht und tritt
festen Schrittes auf ihn drauf.*

*Der kleine Stein
bohrt sich in seine Sohle.*

*Der König stößt
einen spitzen Schrei aus
und fällt der Länge nach, hin.*

Er liegt zu Füßen der Königin.

*Er rappelt sich auf und schaut
verdutzt.
Alle Augen betrachten ihn voller Sorge.*

Doch: Hurra! Er lebt!

Der König erhebt sich und weiß, er muss jetzt etwas sagen.

Er wendet sich an die Menschen und ruft aus:

Ich bin soeben in Liebe gefallen!

Er ist von Welt und ruft es noch einmal

auf Englisch aus:

I just fell in love!

Die Menschen lachen von Herzen! Sie sind erleichtert.

Sie lieben den König!

Die Königin bewahrt Contenance.

Liebster, welch eine Geste, welch ein Bekenntnis!

Die Menschen applaudieren!

Musik erschallt.

Alle tanzen wild herum!

*Die Menschen werfen mit
Gaumenfreuden.
Weintrauben und Erdbeeren
fliegen durch die Luft.
Getränke perlen und schäumen.*

Alle feiern ein rauschendes Fest!

Die ganze Nacht!

Bis zum Morgen!

*(Den kleinen Stein hat die Königin
schnell und geschickt,
von niemandem bemerkt,
gleich wieder eingesteckt.)*

Wir Männer besprechen uns über unsere Frauen

Frauen – himmlisch!

Daher nicht zu haben hier unten
schon gar nicht, wenn's brennt.

Sagen wir und wissen es doch besser,
weil sie's dann doch, in seltenen
Momenten,
absegnen und Wolke Sieben
sich schwer ergießt
und sie uns runter holen.

Yeah!

Alles fließt!

Kaufen wir sie uns, gehen wir
schoppen ins Pornoland!

Schatz, ich geh ficken, mach dir einen
schönen Abend!

Kein Problem!

Sie wird wahrscheinlich wieder mit Jana drüber reden und heiße schwellende Ohren mit ihr machen.

Pah!

Reden wir mit Ihnen!

Aber nicht auf die Titten schauen, nicht dieser gesenkte Blick, sondern erhobenen Hauptes!

Ich bin so geil! Ich will, dass sie beim Reden feuchte Augen kriegt. Ich will mit feuchten Augen von ihr angesprochen werden.

Geben wir ihnen Raum!

Lassen wir sie in Ruhe!

Schaffen wir Abstand!

Wir Männer schweigen eine Weile
und kommen zu folgendem Entschluss:
Wir werden unseren Frauen sagen:

Geliebte, Schatz, Darling, Spatz,
Du...
ich will Dich mehr auf mich zukommen
lassen.

Bei unserem nächsten Treffen
berichten wir uns.

Von unseren Erfahrungen.

Mehrere Männer erzählen.

Sie hätten nun sehr schönen,
sehr liebevollen Sex
mit ihren Partnerinnen
und meinten
man solle den Frauen
wirklich
noch viel mehr Zeit lassen
und ihnen

wirklich
noch sehr viel mehr

Raum geben.

Wir sprechen über die Liebe.

Einer von uns berichtet von
Annäherungen.

Seine Geliebte würde ihn
wieder ab und zu näher an sie ran
lassen,
halte aber auch sehr häufig
großen Abstand.

Wir Männer üben
zwecks Auflockerung der Situation
und zwecks Annäherung

an unseren Frauen.

Tangoschritte.

Zuschlagstoff

Der Bildhauer schlug dem Stein die
Augen aus.
Dann operierte er ihm den Mund weg.
Zum Schluss fräste er ihm die Ohren ab.

Der Bildhauer betrachtete ihn und
sagte:
Er ist fertig.

Auf dem Weg nach Hause fiel ihm
ein,
er hatte die Nase vergessen.

Er holte das am nächsten Morgen
gleich nach. Als erstes schlug er dem
Stein die Nase ab.

Der Stein lag nun sinnlos herum.
Doch er gab nicht auf und zog den
Bildhauer weiter magisch an. Der
Bildhauer ließ ihn tatsächlich nicht aus
den Augen. Und eines Tages ließ sich

der Stein von ihm zu einem Medium
umfunktionieren.

Auf diesen Moment hatte der
Bildhauer sich gut vorbereitet.

Er legte dem Stein die Matrize auf,
hämmerte ihm die Informationen ein
und polierte ihn.

Nun war der Stein endlich ein
glänzendes, aussagekräftiges Medium.

Stolz repräsentierte er den Namen
der Firma.

Er wurde viel fotografiert und
schaffte es in die Presse.

Doch als die Firma den Namen
wechselte
tauschte sie ihn aus.

Über sein weiteres Schicksal ist
nichts bekannt.

Vielleicht wurde er vollkommen zerschlagen.

Vielleicht wird er noch als Relikt verehrt, führt ein Dasein im Schatten, und reflektiert mit mattem Glanz seine Betrachter.

Vielleicht hat er Moos angesetzt.

Im Park

Ich war blau.

Du himmlisch grün.

Wir hingen zusammen.
Die Sonne schien
zum Untergang.
Und erleuchtete uns
und den Park.

Dann rauschten wir durch die Nacht.

Im Morgengrauen
schworen wir uns Liebe.

Wir schritten zum Sonnenaufgang
umarmten uns feierlich und gingen
getrennte Wege.

Nach einhundert Metern
drehte ich um und rannte zurück
an die Stelle des Abschieds.

Dort fand ich keine Tränen.

Nicht mal Erinnerung.

Und ich ertrank im Entfernen der
Liebe aus meinem Herzen in Whiskey
Driple Malt.

Einmal noch trafen wir uns.

Wir wollten uns retten.

Wir brachten den Bäumen,
Free Samba bei
und belauschten den Bambus.

Er raschelte trocken
und bat uns um Regen.

Wir spendeten alles, was wir an Bord
hatten und flirteten mit den
Nebelkrähen.

Durstig hockten wir im Busch und
die Krähen flogen davon.

Mailbox

Und nun

schickst Du mir verwirrende Bilder.

Sie zappeln wie sterbende Fische
im Netz.

Ich will dich ohne Filter.

Unverletzt.

Psychoparty

Big Waves.

Lichtsysteme.

Schlangenlinien.

Raumklangschleifen.

Botenstoffe.

Agenten des Glücks.

Wächter der Paradiese.

Gespiegelte Karrieren.

Und noch viel mehr

Installationen.

Jazzclub

Das Unterholz gibt ein Konzert.

Weltklima, Flüchtlingsdrama
und andere Zustände
werden angeklagt.

Aus der Komfortzone.

Jazz oder nie!

Entschuldigung für die Zugabe.

Ich nehme die Brille und
applaudiere.

Vision

Ich verkoste meine Worte mit meiner
Zunge, forme sie pneumatisch mit
Zwerchfellatmung in
Raumklangschleifen und nenne das
Verfahren

Weltraumatmung.

Und siehe da:

Die Gegenwart will von der Zukunft
in Ruhe gelassen werden.

Self Management

Ich komm nicht überall hin wo ich
will.

Doch das ist in Ordnung.

Denn ich praktiziere Self
Management
(gemeint ist: Aufräumen)

Dabei wird die Welt weniger bunt.

Aber nicht eintönig.

Sie bleicht ja nicht aus.

Sie wird nur feiner in ihren Farben
und Nuancen.

Zu viele Farben habe ich satt.

Low Sex

Dann lass uns doch am Abend ficken.

Ja? Wo denn?

Auf dem Kissen.

Wir kuscheln schön.
Wir machen uns an.

Ich spritz dir ins Gewissen.

Träumer!

Wenn Du wirklich bist, dann -

Feueratem! -

tanzt Du!

Unwirkliche Träume führen zum

Herzstillstand!

Die Liebe ist

ein

Nachtschattengewächs.
(körperlich)

Und schmeckt nach salzigem Gras.

ein

Nachtschwärmer
(seelisch)

und vibriert von gestrichenen Bässen.

Planet Love

Wenn die Liebe

die Essenz meines Lebens ist,
dann ist sie
mein Leben auf dem Planeten
Erde
und in dem
Himmel
aus dem der Regen fällt.

Den ich atme.

Ich lausche seinen Winden,
rieche seine Düfte,
trinke seinen Regen

und denke:

Du Himmel trägst die Erde

in alle Richtungen,
verstreust sie ins Meer

und hebst sie
an anderer Stelle
mit mächtigen Wellen
wieder empor.

Und:

dass die Erde,
ein sehr verspieltes Wesen,
den Himmel mit
Duftstoffen füttert.

Essenzen,
die wir Menschen
als Liebe
bezeichnen.